**비문학이 읽히는
최소한의 배경지식
워크북**

초판 1쇄 발행 2025년 12월 15일
초판 3쇄 발행 2026년 1월 12일

글 이다희
펴낸이 최순영

교양 학습 팀장 김솔미 **편집** 김나연
키즈 디자인 팀장 이수현

펴낸곳 ㈜위즈덤하우스 **출판등록** 2000년 5월 23일 제13-1071호
주소 서울특별시 마포구 양화로 19 합정오피스빌딩 17층
전화 02) 2179-5600 **내용문의** 02) 6748-3802
홈페이지 www.wisdomhouse.co.kr **전자우편** kids@wisdomhouse.co.kr
ⓒ이다희, 2025
ISBN 979-11-7171-564-0 73030

* 이 책의 전부 또는 일부 내용을 재사용하려면 반드시 사전에 저작권자와 ㈜위즈덤하우스의 동의를 받아야 합니다.
* 인쇄·제작 및 유통상의 파본 도서는 구입하신 서점에서 바꿔드립니다. * 책값은 뒤표지에 있습니다. * 이 책의 사용 연령은 8~13세입니다.

36-37쪽

1. 여드름, 다크서클
2. 초가공 식품
3. 마음 안정, 피로 감소, 건강한 발달, 건강한 성장
4. ④
5. 인공 감미료
6. ②

38-39쪽

1. 비만
2. 근육, 부작용
3. ②
4. 지방 세포
5. ②
6. ③

40-41쪽

1. 멍때리기
2. ① O, ② X, ③ O
3. 번아웃
4. ④
5. 팝콘 브레인
6. ①

42-43쪽

1. 빵
2. 좋아하는
3. 교통
4. ②
5. 웰니스
6. ④

44-45쪽

1. 사람
2. ① O, ② X, ③ X
3. '애완'에 동물을 귀여워한다는 뜻이 있는데, 사람에게 동물은 '귀여워서' 키우는 것이 아니라, 함께 살아가는 소중한 가족이기 때문에
4. ①
5. 펫로스 증후군
6. 반려동물 보호세

46-47쪽

1. 막내, 형, 떡볶이
2. 미디어
3. ③
4. ①
5. 스낵 무비
6. ②

48-49쪽

1. 한강
2. 글
3. ③
4. 저작권
5. 클래식
6. 현대 예술

50-51쪽

1. 반가 사유상
2. 박물관, 굿즈
3. ③
4. ①
5. 무형유산
6. ④

52-53쪽

1. 극락
2. 51, 31, 17
3. ③
4. ③
5. 종교의 자유
6. 교황

54-55쪽

1. e스포츠
2. 컴퓨터, 게임
3. ②
4. ①
5. 상업화
6. ④

56-57쪽

1. 스스로 학습한다
2. ③ → ② → ①
3. ②
4. 딥페이크
5. 알고리즘
6. 빅데이터

58-59쪽

1. 퍼서비어런스
2. ① X, ② O, ③ O
3. ①
4. 드론
5. 사이보그
6. 휴머노이드 로봇

60-61쪽

1. 버추얼
2. 모션 캡쳐
3. ③
4. VR(가상 현실)
5. AR(증강 현실)
6. 아바타

62-63쪽

1. 달
2. 궤도
3. ④
4. 제임스웹
5. 소행성
6. ④

64-65쪽

1. 인공 머리뼈
2. 바이오 프린팅
3. ③
4. 유전자
5. 유전자 편집 기술
6. ①

정 답

6-7쪽

1. 헌 옷 쓰레기산
2. 땅, 물
3. 기후 변화
4. ②
5. 제로 웨이스트
6. ④

8-9쪽

1. 열대야
2. 2025년
3. 온실가스
4. ③
5. ①
6. ④

10-11쪽

1. 스웨이츠
2. 마개
3. 해수면 상승
4. 기후 난민
5. ②
6. ②, ③

12-13쪽

1. 도로, 숲
2. 천연기념물
3. 생물 다양성
4. ①
5. 산호초
6. ① O, ② O, ③ X

14-15쪽

1. 고기
2. 채소
3. 탄소 중립
4. ① O, ② O, ③ X
5. 재생 에너지
6. 탄소 배출권

16-17쪽

1. 15.5, 15, 36.1, 36,
2. 36, 12, 10
3. 1인 가구
4. 비친족
5. ②
6. 소형 가전

18-19쪽

1. 아기
2. 출생률, 반려동물
3. 저출생
4. 고령화
5. 육아 휴직
6. ③

20-21쪽

1. 서울
2. 수도권
3. ④
4. 교통 체증
5. 지방 소멸
6. 식품 사막

22-23쪽

1. 폭력, 보호
2. 교육
3. 인권
4. 초상권
5. 결정 장애야?, 남자가 왜 울어?, 여자가 얌전해야지!
6. ①

24-25쪽

1. 키오스크
2. ①, ③
3. 정보 격차
4. ③
5. 디지털 포용법
6. ①

26-27쪽

1. 초판본
2. 500
3. ②
4. 수요, 공급
5. 헝거 마케팅
6. ③

28-29쪽

1. 투자
2. 안전 자산
3. ②
4. 인플레이션
5. 스태그플레이션
6. 애그플레이션

30-31쪽

1. 돈
2. ②
3. 합리적 선택
4. 토핑 경제
5.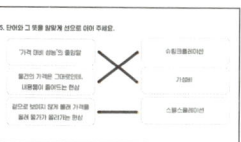
6. 기회비용

32-33쪽

1. 세금
2. ① O, ② X, ③ O
3. ①
4. 현금 영수증
5. 체납
6. ④

34-35쪽

1. 1
2. ① X, ② X, ③ O
3. 무역
4. ④
5. 관세
6. 공정 무역

◯ **지식 독해 퀴즈**

3. 생명 공학이 쓰이는 예 중 틀린 것은 무엇일까요? (   )

① 유전자를 재조합하여 백신이나 치료제를 만든다.
② 유전자를 변형한 작물을 만들어 생산량을 늘린다.
③ 유전자를 잘 보존해 사람의 건강을 유지시킨다.
④ 옥수수나 사탕수수로 바이오 연료를 만든다.

4. 빈칸에 공통으로 들어갈 말은 무엇일까요?

크리스토퍼 가위라고 불리는 ㅇㅈㅈ 가위는 ㅇㅈㅈ 안에서 잘못된 부분을 찾아내 가위처럼 자르거나 고쳐 주는 기술이에요. 이 기술은 희귀병을 치료하는 데 사용될 수 있답니다.

5. 빈칸에 들어갈 말은 무엇일까요?

ㅇㅈㅈ ㅍㅈ ㄱㅅ 은 유전자를 잘라서 바꾸거나 고쳐서 생물을 원하는 모습으로 만드는 거예요.

6. GMO 식물에 대한 설명으로 틀린 것은 무엇일까요? (   )

① 먹으면 암에 걸린다.
② 과학자들이 유전자를 바꿔 만든 식물이다.
③ 독한 농약에도 살아남아 농부들이 작물을 더 쉽게 기를 수 있다.
④ 농약을 많이 써서 재배하면 환경 오염이 심해진다.

◯ **내가 만드는 퀴즈**

●과학 기술
[생명 공학] 머리뼈를 인쇄합니다!

🔴 이미지 독해 퀴즈

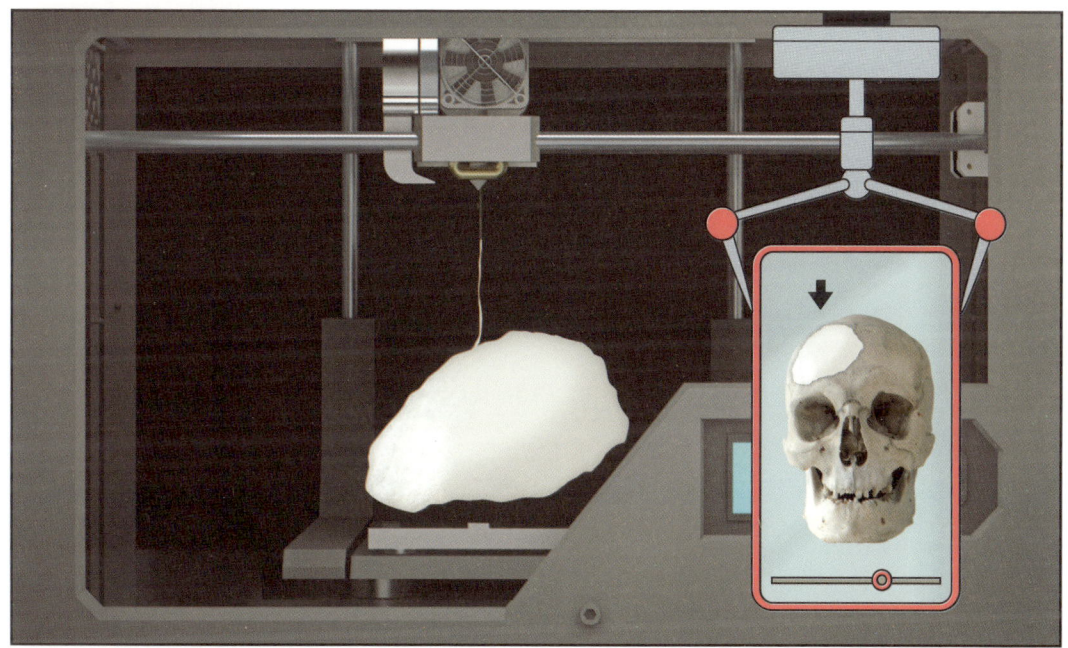

1. 이 그림은 무엇을 표현한 걸까요?

　　　　　　　　　　　　　　　　　를 이식하는 장면

2. 이식된 이 뼈는 어떻게 만들어졌을까요? 사람 몸에 있는 세포나 세포가 잘 자라도록 돕는 재료를 프린터의 잉크처럼 써서 피부나 뼈 같은 인체 조직을 원하는 형태로 만드는 이 기술의 이름을 적어 보세요.

　　　　　　　　3D

🔴 지식 독해 퀴즈

3. 다음 중 우주에 관한 연구가 아닌 것은 무엇일까요?
(　　　)

① 망원경으로 다른 행성 관찰하기
② 인공위성 쏘아 올리기
③ 다른 행성에 우주선 보내기
④ 우주에 식물 심기

4. 다음 내용은 무엇에 관한 설명일까요?

> 2021년에 우주로 발사된 망원경으로 우주 공간에서 수많은 별과 외계 행성들을 관찰하고 있어요.
> 2022년에는 한 외계 행성에서 수증기를 찾아냈어요.

ㅈ ㅇ ㅅ ㅇ 　 우 주 　 망 원 경

🔴 내가 만드는 퀴즈

5. 빈칸에 들어갈 말은 무엇일까요?

달과 　ㅅ ㅎ ㅅ　 에는 금, 백금 같은 값비싼 광물 자원이 있을 가능성이 커요. 그래서 여러 나라와 민간 우주 기업들이 이 자원을 찾기 위해 우주로 우주선을 보내고 있어요.

6. 우주 쓰레기에 대한 설명으로 틀린 것은 무엇일까요? (　　　)

① 우주 쓰레기는 임무를 마친 인공위성이나 부서진 로켓 조각 등을 말한다.
② 지금도 수없이 많은 우주 쓰레기가 지구 주변을 떠다니고 있다.
③ 우주 쓰레기는 멈춰 있는 것이 아니라 아주 빠른 속도로 지구 주위를 돌고 있다.
④ 우주 쓰레기는 지구로 다시 돌아올 수 없다.

●과학 기술
[우주] 전 세계의 달 탐사 경쟁

🟠 이미지 독해 퀴즈

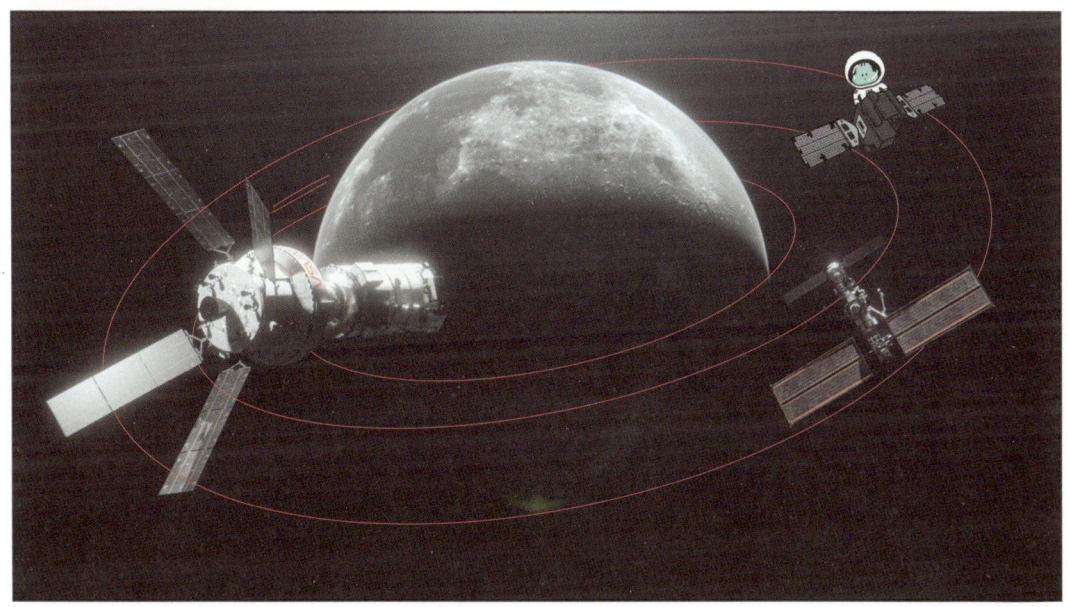

1. 위 사진 한가운데 있는 천체의 이름은 무엇일까요? (힌트: 미국은 이곳을 두고 아르테미스 계획을 추진 중이고, 우리나라는 이곳을 향해 다누리호를 쏘아 보냈어요.)

　　　　　　　　　　　　　　　　　　　　　

2. 사진에 그려진 가상의 빨간 선은 무엇을 표현했을까요? 빈칸을 채워 그 이름을 알아보세요.

　　다누리호는 　　　　　　　　　　 선이에요.

　　　　　　　　 선은 일정한 곡선의 길을 따라 운행하는 우주선이에요.

🔴 **지식 독해 퀴즈**

3. 가상 세계를 뜻하는 '메타버스'에 대한 설명으로 틀린 것은 무엇일까요? [   ]

   ① 컴퓨터나 스마트폰 등을 통해 들어갈 수 있는 디지털 세상이다.
   ② 자신의 캐릭터를 만들어서 자유롭게 활동할 수 있다.
   ③ 여기에서 공부나 일은 할 수 없다.
   ④ 메타버스 속 캐릭터와 그 캐릭터를 만든 사람이 닮을 필요는 없다.

4. 다음 상황은 어떤 기술을 이용한 것일까요?

   > 신비로운 오로라, 심해의 거대한 백상아리 등 직접 보기 어려운 놀라운 장면을 만날 수 있어요.

   .... 기술

🔴 **내가 만드는 퀴즈**

5. 다음 상황은 어떤 기술을 이용한 것일까요?

   > 옷을 직접 입어 보지 않아도 화면을 통해 옷을 입었을 때 자신의 모습을 볼 수 있어요.

   .... 기술

6. 가상 세계에서 나를 대신해 활동하는 캐릭터를 무엇이라고 할까요?

   ㅇ ㅂ ㅌ

   ....

61

● 과학 기술

[메타버스] 음악 방송 1위 가수의 정체, 컴퓨터가 만든 아이돌이라고?

◯ 이미지 독해 퀴즈

1. 가상 세계에서만 활동하는 아이돌이에요. 이 아이돌을 무엇이라고 부를까요?

　　　　　　　　　　　　　　　　　　　　아이돌

2. 이 아이돌은 무대에서 춤도 추고 노래도 한다고 해요. 사람의 움직임을 컴퓨터 캐릭터에 입혀서라죠. 이 기술을 무엇이라고 부를까요?

　　　　　　　　　　　　　　　　　　　　기술

지식 독해 퀴즈

3. 로봇에 대한 설명으로 옳은 것은 무엇일까요?
(　　　)

① 일을 자동으로 할 수 있는 기계이다.
② 모두 사람과 비슷한 모양으로 생겼다.
③ 아직은 우리 주변에서 찾아볼 수 없다.
④ 더럽고 위험한 곳에서는 일하지 못한다.

4. 다음은 무엇에 관한 설명일까요?

- 무선으로 조종되는 무인 항공기예요.
- 작은 섬마을에 약봉지, 음식 등을 배달하는 일도 해요.

ㄷ ㄹ
....

내가 만드는 퀴즈

5. 살아 있는 생명체에 기계를 더한 존재를 무엇이라고 할까요?

ㅅ ㅇ ㅂ ㄱ
....

6. 사람과 비슷한 모습과 움직임을 가진 로봇을 무엇이라고 할까요?

ㅎ ㅁ ㄴ ㅇ ㄷ ㄹ ㅂ
....

● 과학 기술
[로봇 공학] 로봇, 인공 지능과 결합하다!

🔴 이미지 독해 퀴즈

1. 여기는 화성, 우주 탐사 로봇이 마른땅에서 움직이고 있어요. 미국 항공 우주국에서 보낸 이 로봇의 이름은 무엇일까요?

ㅍ ㅅ ㅂ ㅇ ㄹ ㅅ

2. 이 탐사 로봇은 인공 지능과 결합해서 어떤 능력을 갖추게 되었을까요?
   맞는 말에 O, 틀린 말에 X 표시해 주세요.

   ① 사람의 조종으로 움직인다. [   ]   ② 중요한 정보를 골라낸다. [   ]
   ③ 스스로 상황을 판단하고 움직인다. [   ]

지식 독해 퀴즈

3. 인공 지능과 정보 통신 기술이 발달하면서 사회 모든 부분에 엄청난 영향을 끼치고 있는 현상을 무엇이라고 할까요? (　　　)

   ① 3차 산업 혁명
   ② 4차 산업 혁명
   ③ 4차 컴퓨터 혁명
   ④ 3차 컴퓨터 혁명

4. 인공 지능이 사람 얼굴과 목소리를 학습해서 진짜와 매우 비슷한 가짜 영상을 만드는 기술을 무엇이라고 할까요?

   ㄷ ㅍ ㅇ ㅋ

   ....

내가 만드는 퀴즈

5. 빈칸에 들어갈 말은 무엇일까요?

   인공 지능　　ㅇ ㄱ ㄹ ㅈ　　덕분에 요즘은 검색창에 필요한 것을 찾아보기도 전에 각 개인에게 알맞은 정보가 먼저 추천되곤 해요. 이것은 여러 가지 데이터를 스스로 학습하고 예측해서 개인에게 알맞은 추천을 해 준답니다.

6. 많은 사람의 행동과 선택을 모아 놓은 아주 큰 자료 덩어리를 무엇이라고 할까요?

   ㅂ ㄷ ㅇ ㅌ

   ....

● 과학 기술
[인공 지능] 인공 지능, 1분이면 산불 날지 안다!

이미지 독해 퀴즈

1. '산불 위험을 알려 주는 인공 지능'을 표현한 이미지예요. 이때 쓰인 인공 지능의 가장 핵심적인 능력 하나를 골라 O 표시해 보세요.

   형체가 없다   스스로 학습한다   산불을 막은 경험이 많다

2. 인공 지능이 산불 위험성을 알려 주는 순서대로 번호를 적어 보세요.

   ① 3단계로 산불 위험성 보고 ② 바람 세기, 지형 특징 등을 학습 ③ 컴퓨터에 입력된 주소 확인

   .... → .... → ....

지식 독해 퀴즈

3. 스포츠에 대한 설명으로 틀린 것은 무엇인가요? (   )

   ① 정해진 규칙 안에서 몸을 움직이거나 머리를 써서 다른 사람과 겨루는 활동이다.
   ② 모두 땀을 흘리며 하는 활동이다.
   ③ 경쟁의 즐거움을 느낄 수 있다.
   ④ 규칙을 지키는 태도, 끝까지 최선을 다하는 마음을 배울 수 있다.

내가 만드는 퀴즈

4. 2024년 파리 올림픽에서 러시아 선수가 출전을 금지당한 이유는 무엇일까요? (   )

   ① 러시아는 우크라이나에 전쟁을 일으켰는데, 이는 올림픽 정신에 어긋나기 때문에
   ② 러시아와 프랑스의 사이가 좋지 않았기 때문에
   ③ 러시아 선수가 파리에서 법을 어겼기 때문에
   ④ 러시아가 2020년 올림픽에서 규칙을 지키지 않았기 때문에

5. 빈칸에 들어갈 말은 무엇일까요?

   스포츠의 ㅅ ㅇ ㅎ 는 스포츠가 많은 사람이 즐기는 활동을 넘어서 큰돈이 오가는 산업이 된 것을 말해요. 기업들이 큰돈을 주고 운동선수의 유니폼이나 경기장에 자기들의 로고를 붙여 광고하는 게 바로 이런 현상을 가리켜요.

6. 다음 중 스포츠에 해당하지 않는 것은 무엇일까요? (   )

   ① 농구   ② 체스   ③ 축구   ④ 시험

●문화
[스포츠] 게임도 스포츠예요!

> 이미지 독해 퀴즈

1. 치열한 경쟁이 벌어지고 있는 경기장의 모습이에요. 2022년 항저우 아시안 게임부터 정식 종목으로 채택되기도 한 이 경기의 이름은 무엇일까요?

....

2. 이 경기는 무엇을 겨루는 스포츠일까요?

.... 로 승부를 겨루는 ....

🟡 **지식 독해 퀴즈**

3. 종교에 대한 설명으로 틀린 것은 무엇인가요?
   (   )

   ① 종교란 신이나 어떤 절대적인 힘을 믿으며 삶의 의미를 찾는 것이다.
   ② 종교는 삶의 방식이나 문화에 영향을 많이 끼친다.
   ③ 우리나라 사람 대부분은 종교가 있다.
   ④ 이슬람교를 믿는 사람은 돼지고기를 먹지 않는다.

4. 종교의 역할에 해당하지 않는 것은 무엇일까요? (   )

   ① 어려울 때 서로 도와준다.
   ② 사람과 사람 사이를 연결해 모두 함께 잘 살 수 있도록 이끈다.
   ③ 사람들에게 필요한 물건을 만든다.
   ④ 사람들에게 위로와 평화를 건넨다.

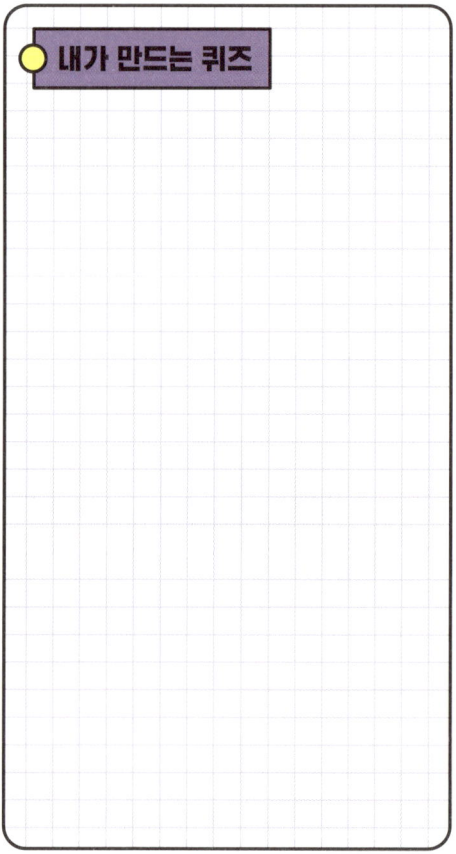

🟡 **내가 만드는 퀴즈**

5. 어떤 종교를 믿을지 스스로 선택할 수 있는 권리를 무엇이라고 할까요?

   ㅈ ㄱ ㅇ ㅈ ㅇ

   ....

6. 빈칸에 들어갈 말은 무엇일까요?

   ㄱ ㅎ   은 천주교를 이끄는 지도자예요. 전 세계의 수많은 천주교 신자의 마음을 하나로 모아 주는 역할을 한답니다.

● 문화

[종교] 극락도 락이다! 세상에서 가장 재밌는 불교

🟡 이미지 독해 퀴즈

1. 요즘 화제가 된 불교 행사 이미지예요. 이때 행사를 나타내는 재치 넘치는 문구가 큰 주목을 끌었지요. 이 문구에 들어간 '괴로움이 없으며 지극히 안락하고 자유로운 세상'을 뜻하는 불교 용어는 무엇일까요?

　　　　　　　　　　　　　　　　도 락이다!

2. 이처럼 새롭고 재미있는 행사를 열게 된 데에는 불교를 널리 알리려는 목적이 있어요. 지금 사람들은 불교를, 또 종교를 얼마나 믿고 있을까요? 위 그래프를 보고 빈칸을 채워 보세요.

종교 없음 　　　% 　개신교+천주교 　　　% 　불교 　　　%

지식 독해 퀴즈

3. 전통문화에 대한 설명으로 틀린 것은 무엇인가요? ( )

   ① 옛사람들로부터 이어져 온 우리나라의 고유한 문화이다.
   ② 판소리 같은 예술, 각종 문화유산 등이 전통문화에 속한다.
   ③ 김치, 제사 등과 같은 삶의 방식은 전통문화라고 하기 힘들다.
   ④ 전통문화는 지금도 이어지고 있다.

내가 만드는 퀴즈

4. 유네스코에서 지정한 우리나라의 세계 유산에 속하지 않는 것은 무엇일까요? ( )

   ① 태극기
   ② 불국사
   ③ 수원 화성
   ④ 종묘

5. 전통적인 악기나 노래, 춤, 공예 들을 잘 갈고닦아 보존하고 계승하는 사람들을 부르는 말은 무엇일까요?

   국가　ㅁ ㅎ ㅇ ㅅ　보 유 자

6. 우리나라 전통 음식인 김치를 지키기 위해 한 일이 아닌 것은 무엇일까요? ( )

   ① 11월 22일을 김치의 날로 지정했다.
   ② 세계에 김치가 우리나라 음식이라는 것을 홍보했다.
   ③ '중국의 파오차이는 김치와 관련이 없다'라는 정보를 배포했다.
   ④ 김치를 중국의 전통 음식이라고 주장한 인플루언서를 고소했다.

●문화
[전통문화] 우리 집에 뮷즈 있다!

▶ 이미지 독해 퀴즈

1. 박물관 유물로 만든 장식품이 예쁘게 놓인 장식장 그림이에요. 이중 한가운데 자리한 보라색 유물의 이름은 뭘까요?

   ....

2. 요즘 엄청난 인기를 끌고 있는 이 유물 장식품은 흔히 '뮷즈'라고 불려요. 이 말은 어떤 말들이 합쳐져서 만들어진 신조어일까요?

   .... (Museum) + 상품을 뜻하는 .... (Goods) = 뮷즈

지식 독해 퀴즈

3. 예술에 대한 설명으로 틀린 것은 무엇인가요? [   ]

① 예술이란 사람의 마음을 담아내는 특별한 표현 방식이다.
② 같은 예술 작품을 보더라도 보는 사람마다 다르게 느낄 수 있다.
③ 예술 작품을 완성하기 위해서는 자격증이 필요하다.
④ 예술은 정해진 답이 없다.

4. 빈칸에 들어갈 말은 무엇일까요?

인공 지능이 만든 그림에는   ㅈ ㅈ ㄱ   논란이 있어요. 인공 지능의 그림은 예술가의 작품을 학습한 결과이기 때문이에요.

5. 조성진이나 임윤찬 같은 피아니스트들이 큰 주목을 받으며 요즘 인기가 뜨거운 이것은 무엇일까요? 서양의 전통적 작곡 기법이나 연주법에 의한 음악으로, '고전 음악'이라고도 해요.

ㅋ ㄹ ㅅ

내가 만드는 퀴즈

6. 빈칸에 들어갈 말은 무엇일까요?

ㅎ ㄷ ㅇ ㅅ 은 다양한 표현 방식을 존중하며 예술로 받아들이고 있어요. 요즘 미술관에서 우리가 평소에 쓰는 물건이나 소리, 영상을 예술 작품으로 전시하는 것처럼요.

● 문화
[예술] 우리도 노벨 문학상 보유국!

> 이미지 독해 퀴즈

1. 2024년 노벨 문학상 시상식 사진이에요. 우리나라 최초, 아시아 여성 최초로 사진 속 작가가 노벨 문학상을 수상했어요. 이 작가는 누구일까요?

   ....

2. 문학이란 뭘까요? 다음 문장의 빈칸에 알맞은 말을 넣어 보세요.

   문학은 마음속 생각과 느낌을 .... 로 표현하는 예술이에요.

🟡 **지식 독해 퀴즈**

3. 세계가 사랑한 케이 컬처 열풍의 예로 적절하지 않은 것은 무엇인가요? (   )

   ① 케이 팝을 따라 부르는 외국인이 많아졌다.
   ② 한국 드라마와 영화, 예능이 전 세계적인 인기를 끌고 있다.
   ③ 탕수육, 초밥 등을 좋아하는 외국인이 많아졌다.
   ④ 'daebak(대박)', 'mukbang(먹방)' 같은 단어가 영국 옥스퍼드 대학교에서 펴내는 영어 사전에 실렸다.

4. 대중문화의 특성에 대한 설명으로 틀린 것은 무엇인가요? (   )

   ① 책을 통해서만 만들어진다.
   ② 대량으로 만들어지고, 많은 사람이 소비한다.
   ③ 빠르게 퍼지고 유행을 이끈다.
   ④ 사람들이 선호하는 내용만 반복되거나 자극적인 내용이 담기기도 한다.

🟡 **내가 만드는 퀴즈**

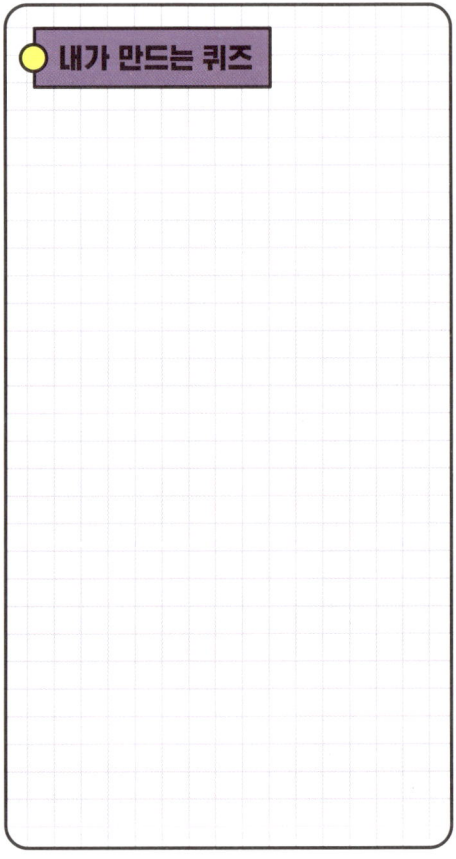

5. 빈칸에 들어갈 말은 무엇일까요?

   짧은 영상을 찾는 사람들이 늘어나면서 10분 안팎의 짧은 영화인 ㅅㄴㅁㅂ 가 등장했어요. 1000원 정도의 가격으로 과자를 먹는 것처럼 부담 없이 영화를 즐길 수 있어요.

6. 아이돌을 무작정 따라 하는 등 대중문화를 쫓다 보면 생길 수 있는 문제는 무엇일까요? (   )

   ① 유행을 잘 따라갈 수 있다.
   ② 자기만의 고유한 모습을 잃게 된다.
   ③ 아이돌의 춤과 노래를 익힐 수 있다.
   ④ 친구들과 대화가 통하지 않는다.

● 문화
[대중문화] 세계가 사랑하는 케이 컬처

● 이미지 독해 퀴즈

1. '케이 컬처'라고 불리는 우리나라 대중문화를 표현한 그림이에요. 여기 커다란 띠에 적힌 영어는 사실 외국인들이 쓰는 우리말이에요. 아래 빈칸에 우리말로 적어 보세요.

Maknae: .... Hyung: .... tteokbokki : ....

2. 빈칸에 들어갈 말은 무엇일까요?

전 세계에 우리나라 대중문화가 널리 퍼질 수 있었던 것은 유튜브, 넷플릭스, 틱톡 같은 다양한 ☐ ㄷ ㅇ 가 발달했기 때문이에요.

● **지식 독해 퀴즈**

3. '애완동물' 대신 '반려동물'이라는 단어를 사용하는 이유는 무엇일까요?

....

4. 반려동물을 위한 상품이나 서비스에 대한 설명으로 틀린 것은 무엇인가요? [   ]

① 반려동물과 사람이 같이 먹을 수 있는 맞춤형 영양제가 있다.
② 반려동물에게 병이나 사고가 생겼을 때를 대비하는 펫보험 상품이 있다.
③ 디지털 기기를 이용해 반려동물을 편리하게 돌보는 펫테크 기술이 발전하고 있다.
④ 반려동물과 함께 펫캉스를 즐길 수 있는 반려동물 동반 호텔이 있다.

5. 반려동물을 먼저 떠나보낸 사람들이 깊은 슬픔을 느끼며 우울함을 겪게 되는 것을 무엇이라고 할까요?

ㅍ ㄹ ㅅ   ㅈ ㅎ ㄱ

● **내가 만드는 퀴즈**

6. 빈칸에 들어갈 말은 무엇일까요?

몇몇 나라에서는 반려동물을 키우는 사람들에게 일정 금액의 세금을 걷고 있어요. 이를

ㅂ ㄹ ㄷ ㅁ   ㅂ ㅎ ㅅ 라고 해요.

● 라이프
[반려동물] 댕댕이도 같이 비행기 타요!

🟣 **이미지 독해 퀴즈**

1. 강아지가 비행기 창가 좌석에 앉아 비행을 즐기고 있네요. '반려견 동반 전용기'가 생겨서 강아지도 편안하고 안전하게 비행기를 탈 수 있게 된 거예요. 원래 비행기 좌석에는 누구만 앉을 수 있었을까요?

2. 반려견 동반 전용기가 생긴 이유는 무엇일까요? 맞는 말에 O, 틀린 말에 X 표시해 주세요.

    ① 반려동물을 가족으로 여기고 소중히 키우는 사람들이 많아져서 (   )
    ② 반려동물이 비행기 좌석에 앉고 싶다고 졸라서 (   )
    ③ 비어 있는 비행기 좌석이 많아져서 (   )

지식 독해 퀴즈

3. 빈칸에 들어갈 말은 무엇일까요?

요즘은 짧게 가까운 곳으로 가볍게 여행을 떠나는 사람이 많아졌어요. 이런 여행이 가능해진 이유는 ㄱㅌ_____ 이 좋아졌기 때문이에요.

4. '디지털 디톡스 여행'에 대한 설명으로 옳은 것은 무엇인가요? (   )

① 디지털 기기의 올바른 사용법에 대해 배우고 연습한다.
② 디지털 기기와 잠시 떨어져 지내면서 피로와 스트레스를 말끔히 씻어 낸다.
③ 디지털 기기의 장점을 최대한 활용한다.
④ 디지털 기기를 이용해 먼 곳에 있는 사람들과도 자유롭게 소통한다.

5. 빈칸에 들어갈 말은 무엇일까요?

ㅇㄴㅅ_____ 여행은 자기만의 속도로 원하는 것을 즐기며 몸과 마음의 에너지를 충전하는 여행을 뜻해요. '건강(well)'과 '행복(happiness)'을 뜻하는 단어를 합쳐 만든 말이에요.

6. 지역 축제의 장점으로 알맞지 않은 것은 무엇인가요? (   )

① 사람들에게 그 지역을 알릴 수 있다.
② 지역 경제에 도움이 된다.
③ 인구 소멸 지역에 활기를 불어넣을 수도 있다.
④ 많은 사람들이 한꺼번에 몰려들어 쓰레기 처리 문제가 생긴다.

내가 만드는 퀴즈

- 라이프
[여행] 빵 먹으러 대전 간다!

🟣 이미지 독해 퀴즈

1. 동물 캐릭터로 표현한 여러 여행객들이 저마다 대전 곳곳을 여행하네요. 이들이 가장 많이 하는 것은 무엇인가요? 다음 빈칸에 들어갈 공통된 말을 써 주세요.

_____ 을 먹고, _____ 을 산 봉투를 들고 다니고,

_____ 을 사려 줄을 섰어요.

2. 빈칸에 들어갈 말은 무엇일까요?

대전이 인기 여행지가 된 것은 요즘에 여행의 모습이 다양해졌기 때문이에요. 명소를

관광하기보다 자신이 _____ 것을 직접 체험하고 느끼기 위해서죠.

지식 독해 퀴즈

3. 너무 오랫동안 쉬지 않고 열심히 일하다가 지쳐 버린 상태를 무엇이라고 하나요?

   ㅂ ㅇ ㅇ

내가 만드는 퀴즈

4. 우리나라 어린이들의 마음 건강에 대한 설명으로 틀린 것은 무엇인가요?
   (   )

   ① 우리나라는 'OECD 어린이 행복 지수' 조사에서 꼴찌를 했다.
   ② 우리나라 어린이들이 행복하다고 느끼지 못하는 가장 큰 이유는 바로 학업 스트레스와 충분하지 않은 수면 시간 때문이다.
   ③ 우리나라 어린이 10명 중 6명은 권장 시간보다 훨씬 더 오래 공부한다.
   ④ '공교육 정상화법'이 생겨 학교에서도 다음 학년 것을 미리 배우느라 학습 부담이 크다.

5. 빈칸에 들어갈 말은 무엇일까요?

   도파민에 중독된 뇌를 ㅍ ㅋ ㅂ ㄹ ㅇ 이라고 불러요. 자극적인 쇼트 폼을 계속 보면 도파민에 중독되어서 강하고 빠른 자극이 아닌 평범한 일은 지루하게 느끼는 거예요.

6. 마음 건강을 지키기 위한 방법으로 올바르지 않은 것은 무엇인가요? (   )

   ① 선행 학습   ② 독서   ③ 디지털 디톡스   ④ 꿀잠 자기

● 라이프
[마음 건강] 불멍, 물멍, 산멍, 유물멍, 멍때리자!

🟡 **이미지 독해 퀴즈**

1. 사람들이 한곳에 모여 멍하니 앉아 있어요. 한강에서 열리는 인기 있는 대회의 현장이에요. 이 대회의 이름은 무엇일까요?

   .... 대회

2. 요즘 사람들에게 멍하니 앉아 있는 게 왜 특별해진 걸까요? 맞는 말에 O, 틀린 말에 X 표시해 주세요.

   ① 너무 바쁜 생활에 마음이 지치기 쉬워서 (   )
   ② 멍한 상태가 도파민을 자극해서 (   )
   ③ 스트레스를 줄여 줘서 (   )

지식 독해 퀴즈

3. 신체 건강에 안 좋은 영향을 주는 생활 습관에 대한 설명으로 틀린 것은 무엇인가요?
[   ]

① 오랫동안 앉아서 일하거나 공부한다.
② 야외 활동을 자주 즐긴다.
③ 스마트폰 같은 디지털 기기를 오래 사용한다.
④ 단 음료나 기름진 음식을 자주 먹는다.

내가 만드는 퀴즈

4. 빈칸에 들어갈 말은 무엇일까요?

한번 생긴 ㅈㅂㅅㅍ 는 없애기 힘들어요. 그래서 소아 비만인 어린이들은 어른이 된 후에도 비만일 가능성이 높아요.

5. 신체 건강을 위한 사람들의 노력과 어울리지 않는 것은 무엇인가요? [   ]

① 건강을 지키기 위해 달리기를 한다.
② 혼자 달리기 지루해서 온라인 달리기 게임을 한다.
③ 스마트워치 등 웨어러블 기기를 사용하여 건강을 관리한다.
④ 건강한 식습관을 실천한다.

6. 디지털 기기를 오래 사용했을 때 생길 수 있는 문제로 적절하지 않은 것은 무엇인가요?
[   ]

① 목이 굽어지는 거북목 증후군이 생긴다.
② 손목이 저릿해지는 손목 터널 증후군이 생긴다.
③ 엔도르핀이나 도파민이 나와서 기분이 좋아지고 스트레스도 줄어든다.
④ 눈을 깜빡이지 않아 눈이 뻑뻑해지는 안구 건조증이 생긴다.

● 라이프
[신체 건강] 주사만 맞아도 살이 빠진다고?

🟣 이미지 독해 퀴즈

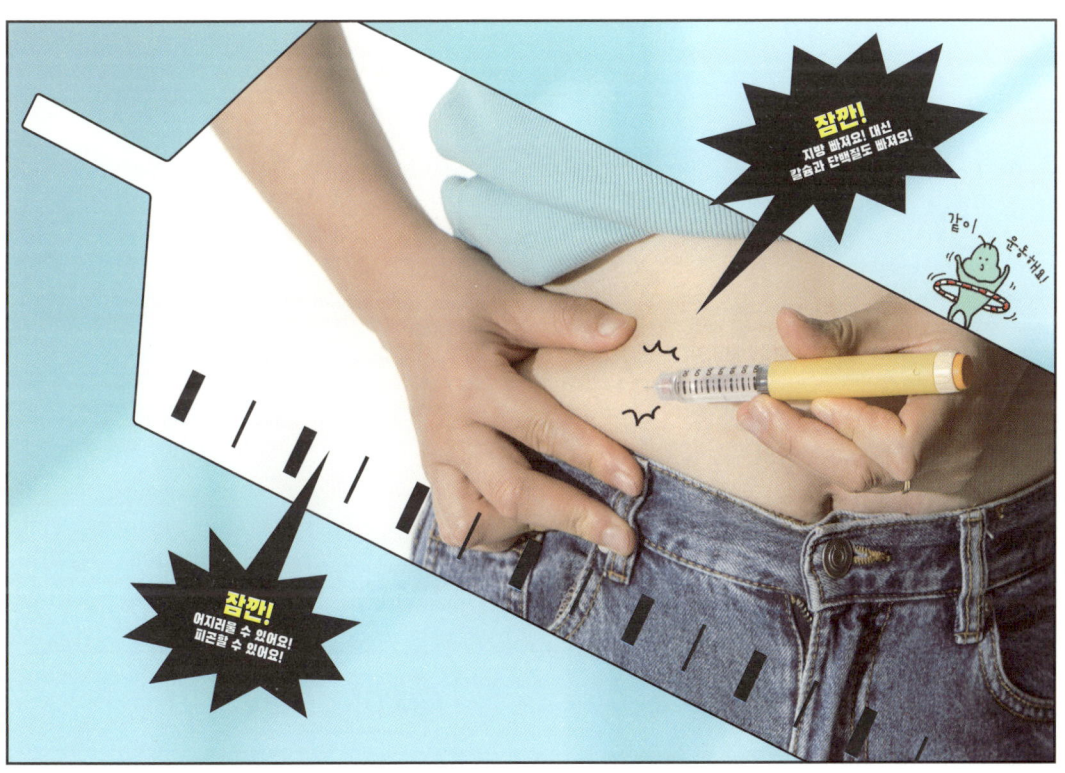

1. 누군가 배에 주사를 놓네요. 지방이 빠진대요. 이 주사는 무슨 치료제일까요?

　　　　　　　　　　　　　치료제

2. 사진 속 사람은 살을 뺄 필요가 없어 보여요. 이런 사람들이 이 주사를 맞으면 어떤 문제가 생길까요?

　　　　　　이 줄어드는　　　　　　이 생기는 등 건강을 해칠 수 있어요.

지식 독해 퀴즈

3. 식생활이 중요한 이유로 옳은 말에 O 표시해 주세요.

마음 안정   피로 감소
체중 감소
건강한 성장
건강한 발달   포만감

4. 저속 노화 식단의 식재료로 적합하지 않은 것은 무엇인가요? (   )

① 현미   ② 생선   ③ 달걀   ④ 콜라

5. 빈칸에 들어갈 말은 무엇일까요?

'제로', '저칼로리' 음식들은 설탕 대신 ㅇㄱ ㄱㅁㄹ 를 사용해요.

달콤하지만 혈당을 많이 올리지 않기 때문에 몸에 좋은 단맛처럼 여겨지지만,

최근에는 이것의 위험성에 대해 경고하는 목소리가 커지고 있어요.

6. 로컬 푸드에 대한 설명으로 옳은 것은 무엇인가요? (   )

① 농약과 화학 비료를 많이 사용한 식재료로, 가격이 저렴하다.
② 가까운 곳에서 난 제철 식재료로, 오래 저장하거나 멀리 실어 나를 필요가 없어 신선하다.
③ 방부제를 많이 사용하여 오랫동안 보관할 수 있다.
④ 많이 먹으면 당뇨병과 심장병에 걸릴 위험이 크다.

내가 만드는 퀴즈

● 라이프
[식생활] 30년 동안 탄산음료를 마시고, 과자를 먹었더니…

🟣 이미지 독해 퀴즈

1. 햄버거나 탄산음료, 과자 같은 음식을 즐겨 먹은 사람의 모습을 예측해 만든 이미지예요. 이 이미지를 표현하는 다음 문장의 빈칸을 채워 주세요.

    이마에 _____ 이 가득해요.   눈 밑에 _____ 이 심해요.

2. 인공적으로 만든 식품으로, 원재료를 거의 알아볼 수 없을 정도로 가공된 식품을 무엇이라고 하나요?

    ㅊ ㄱ ㄱ   ㅅ ㅍ

● 지식 독해 퀴즈

3. 나라와 나라 사이에서 물건이나 기술 등을 사고파는 것을 무엇이라고 하나요?

　　● 내가 만드는 퀴즈

　　..

4. 바나나처럼 예전에는 귀하고 비쌌던 외국의 식품이나 물건을 지금은 쉽고 저렴하게 살 수 있게 된 이유 중 틀린 것은 무엇일까요?
  (　　　)

  ① 교통이 발달해서 빠르고 안전하게 운반할 수 있기 때문에
  ② 무역이 발달하면서 다른 나라와 거래가 활발해졌기 때문에
  ③ 정부의 수입 제한이 풀렸기 때문에
  ④ 우리나라에서 아주 많이 만들 수 있게 되었기 때문에

5. 나라끼리 물건을 사고팔 때 다른 나라에서 수입된 물건에 붙이는 세금은 무엇일까요?

　　　　　　　ㄱ ㅅ

　　..

6. 빈칸에 들어갈 말은 무엇일까요?

　　ㄱ ㅈ 　ㅁ ㅇ 　은 경제적으로 힘든 상황에 있는 개발 도상국의 생산자들이 스스로 잘 살 수 있도록 정당한 값을 주어 좋은 조건에서 일할 수 있게 도와주는 무역을 말해요.

35

●경제
[무역] 두 유 노우 케이 라면?

> 이미지 독해 퀴즈

1. 연도별 라면 수출액 그래프를 보고 빈칸을 채워 주세요.

   2023년에 라면 수출액이 _____ 조 원을 돌파했다.

2. 우리나라 라면의 인기가 높아진 이유 중 맞는 말에 O, 틀린 말에 X 표시를 해 주세요.

   ① 라면은 우리나라 고유의 음식이기 때문에 (   )
   ② 우리나라 라면이 전 세계에서 가장 싸기 때문에 (   )
   ③ 우리나라 영화와 드라마, 케이 팝 스타들이 전 세계적으로 인기를 끌었기 때문에 (   )

지식 독해 퀴즈

3. 세금에 대한 설명으로 잘못된 것은 무엇인가요? (　　　)

① 세금을 내기 싫을 때는 솔직하게 말하고 세금을 내지 않아도 된다.
② 모든 국민은 돈을 벌면 그중 일부를 세금으로 내야 한다.
③ 설탕세는 설탕이 많이 들어간 음식에 붙이는 세금이다.
④ 북유럽에 있는 에스토니아는 소를 키우는 목장에 방귀세를 부과한다.

4. 빈칸에 들어갈 말은 무엇일까요?

물건을 살 때 현금으로 계산하면 　ㅎ ㄱ　 ㅇ ㅅ ㅈ 　을 받을 수 있어요. '내가 이 가게에서 물건을 현금으로 샀어요.'라고 나라에 알려 주는 거예요.

5. 내야 할 세금을 제때 내지 않은 것을 무엇이라고 하나요?

ㅊ ㄴ

6. 세금이 사용된 예로 적절하지 않은 것은 무엇인가요? (　　　)

① 나라를 지키기 위해 군대를 운영한다.
② 학교 운영을 지원한다.
③ 도로, 다리, 공원 같은 시설을 만들고 유지한다.
④ 생일잔치 비용을 지원한다.

내가 만드는 퀴즈

● 경제
[세금] 제주도에 오려면 환경세 내세요!

○ 이미지 독해 퀴즈

1. 제주도의 돌하르방이 든 피켓에 '환경세'라는 말이 있네요. 이 말은 무슨 뜻일까요?

   환경 정책을 펼치기 위한 ....

2. 돌하르방은 왜 '자연을 지켜 줘!'라고 하면서 환경세를 내자고 주장했을까요?
   맞는 말에 O, 틀린 말에 X 표시를 해 주세요.

   ① 너무 많은 사람이 몰려서 자연이 훼손되었기 때문에 (   )
   ② 제주도를 더 고급스러운 관광지로 만들기 위해 (   )
   ③ 자연을 보호하는 데 돈이 들기 때문에 (   )

🟡 지식 독해 퀴즈

3. 한정된 자원을 효과적으로 사용해서 가장 큰 만족을 얻을 수 있도록 선택하는 것을 무엇이라고 하나요?

　　　　　　　　　　

🟡 내가 만드는 퀴즈

4. 빈칸에 들어갈 말은 무엇일까요?

　ㅌ　ㅍ　　ㄱ　ㅈ　는 요구르트를 먹을 때 취향에 맞는 토핑을 추가하여 먹는 것처럼, 원하는 것만 골라서 추가하여 소비하는 방식을 말해요.

5. 단어와 그 뜻을 알맞게 선으로 이어 주세요.

'가격 대비 성능'의 줄임말	•	•	슈링크플레이션
물건의 가격은 그대로인데, 내용물이 줄어드는 현상	•	•	가성비
겉으로 보이지 않게 몰래 가격을 올려 물가가 올라가는 현상	•	•	스텔스플레이션

6. 어떤 것을 선택함으로써 포기해야 하는 것의 가치를 무엇이라고 하나요?

　　　　ㄱ　ㅎ　ㅂ　ㅇ

● 경제
[합리적 선택] 사진만 잠깐 찍은 꽃 팔아요

> 이미지 독해 퀴즈

1. 졸업식 시즌에 중고 거래 사이트에 흔히 올라오는 게시물이에요. 왜 이런 거래를 하려는 걸까요?

    필요 없어진 꽃다발을 팔아서 _____ 을 벌려고

2. 꽃다발을 팔아서 얻을 수 있는 또 다른 이익은 무엇일까요? (   )

   ① 꽃다발을 싱싱하고 예쁘게 유지할 수 있다.
   ② 꽃다발을 여러 번 쓸 수 있어 환경에 이롭다.
   ③ 꽃집 사장님을 흐뭇하게 한다.
   ④ 중고 거래 사이트의 사용자들에게 칭찬을 듣는다.

🟡 지식 독해 퀴즈

3. 물가에 대한 설명 중 틀린 것은 무엇일까요?
   (   )

   ① 물건의 양은 그대로인데 물건을 사려는 사람이 많으면 물가가 오른다.
   ② '물가가 오른다'라는 말은 물건 한 개 가격이 올랐을 때 쓴다.
   ③ 물가가 오르는 이유엔 세상에 돌아다니는 돈의 양과 관련이 있다.
   ④ 우리가 사는 물건이나 서비스의 평균 가격이다.

🟡 내가 만드는 퀴즈

4. 물가는 오르고, 돈의 가치는 떨어지는 현상을 무엇이라고 하나요?

   ㅇ ㅍ ㄹ ㅇ ㅅ

5. 물가는 오르는데 월급은 오르지 않아 경기가 침체되는 현상을 무엇이라고 하나요?

   ㅅ ㅌ ㄱ ㅍ ㄹ ㅇ ㅅ

6. 곡물 가격이 올라 물가가 오르는 현상을 무엇이라고 하나요?

   ㅇ ㄱ ㅍ ㄹ ㅇ ㅅ

● 경제
[물가] 금을 사셔야 합니다?

◯ 이미지 독해 퀴즈

이 콩만 한 게 20만 원이라고?

1. 외계인 말대로 콩만 한 금이 20만 원이나 한대요. 몇 년 만에 두 배 넘게 올랐다고 하죠. 그래서 너도나도 금을 사서 모으려고 해요. 이 현상을 무엇이라고 부를까요?

   금 _____ 열풍

2. 이렇게 금이 인기 있는 이유는 무엇일까요?

   경제가 어려워져도 꾸준히 가치를 유지하는   ㅇ ㅈ   ㅈ ㅅ   이기 때문에

> 지식 독해 퀴즈

3. 희소성에 대한 설명으로 틀린 것은 무엇인가요? (　　　)

① 많은 사람이 원하지만, 원하는 것에 비해 자원이 부족한 상태를 말한다.
② 시대와 장소가 변해도 한번 희소성을 지닌 것은 계속해서 희소성을 지닌다.
③ 자원의 양이 적다고 해서 항상 희소성이 높은 것은 아니다.
④ 인기 콘서트 티켓이 높은 가격에도 팔리는 것은 희소성 때문이다.

4. 빈칸에 들어갈 말은 무엇일까요?

상품의 가격은 　ㅅ ㅇ　 와 　ㄱ ㄱ　 으로 결정돼요.

5. 희소성을 이용하여 '지금 아니면 못 산다!'라고 느끼게 만들어 구매를 유도하는 것을 무엇이라고 하나요?

ㅎ ㄱ　 ㅁ ㅋ ㅌ

> 내가 만드는 퀴즈

6. 희소성을 이용한 판매 전략이 아닌 것은 무엇인가요? (　　　)

① 여름철에만 판매하는 시즌 한정 음료
② 하루에 100그릇만 판매하는 인기 맛집
③ 인기 아이돌을 광고 모델로 한 운동복
④ 다른 지역에서는 판매하지 않는 기념품

- ●경제
[희소성] 책 한 권이 6300만 원?

▶ 이미지 독해 퀴즈

1. 우리가 서점에서 볼 수 있는 《해리 포터》 책과 다르게 생겼네요. 이 책은 어떤 《해리 포터》 일까요?

    1997년에 맨 처음 펴낸 _____

2. 이 책은 뭐가 특별해서 6300만 원이나 하는 비싼 값에 팔린 걸까요?

    전 세계에 _____ 부밖에 없어서

> 지식 독해 퀴즈

3. 디지털 기기를 잘 쓰는 사람과 그렇지 못한 사람 사이에 생기는 차이를 무엇이라고 하나요? 다른 말로 '디지털 격차'라고도 해요.

   ....

> 내가 만드는 퀴즈

4. 태블릿으로 시험을 볼 때 어려움을 겪는 이유는 무엇일까요? (   )

   ① 답을 잘못 적었을 때 지우고 다시 쓸 수 있다.
   ② 문제 푸는 방법을 모른다.
   ③ 평소에 써 본 적이 없어서 다음 화면으로 넘어가는 데 버벅댄다.
   ④ 글씨 쓰기가 어렵다.

5. 빈칸에 들어갈 말은 무엇일까요?

   우리나라는 모든 사람이 디지털 기기를 쉽게 사용하고, 그 혜택을 함께 누리도록 돕기 위해 ㄷ ㅈ ㅌ   ㅍ ㅇ ㅂ 이라는 새로운 법을 만들었어요.

6. 아래의 설명 중 틀린 것은 무엇인가요? (   )

   ① 아무리 오래된 핸드폰이라도 국가에서 보낸 재난 문자는 수신할 수 있다.
   ② 디지털 기기 사용에 어려움을 겪는 사람은 노인뿐만 아니라 젊은 사람도 해당된다.
   ③ 챗GPT 같은 생성형 인공 지능의 유료 버전을 사용하면 무료 버전보다 훨씬 더 많은 도움을 받을 수 있다.
   ④ 정부는 디지털 기기 교육 프로그램과 교재를 제공하고 있다.

●사회
[정보 격차] 기계 앞에서 눈싸움만 몇 분째!

◉ 이미지 독해 퀴즈

1. 요즘은 음식점에서 점원에게 주문하지 않고, 기계로 직접 주문하는 경우가 많아요. 이런 기계를 무엇이라고 하나요?

   ···

2. 다음 중 기계로 음식을 주문하는 게 어려운 사람 둘을 골라 보세요. (,   )

   ① 기계 사용에 익숙하지 않은 사람   ② 사람을 대하는 게 어려운 사람

   ③ 앞이 잘 보이지 않는 사람   ④ 성격이 급한 사람

지식 독해 퀴즈

3. 국가, 나이, 성별 등에 의해 차별받지 않고 인간답게 살 권리, 즉 사람으로서 당연히 가지고 누려야 할 권리를 뜻하는 말은 무엇일까요?

....

4. 자신의 얼굴이 드러나는 사진이나 영상이 마음대로 공개되지 않도록 지킬 수 있는 권리를 무엇이라고 할까요?

ㅊ ㅅ ㄱ

....

내가 만드는 퀴즈

5. 다른 사람을 비하하는 혐오 표현에 X 표시를 해 주세요.

| 결정 장애야? | 어린이구나! | 남자가 왜 울어? |

| 여자가 얌전해야지! | 참 꼼꼼하네. |

6. 인권 보호를 위한 노력으로 알맞지 않은 것은 무엇인가요? (   )

① 친밀감을 유지하기 위해 친구에게 'OO충'이라는 표현을 종종 사용한다.
② 청각 장애인을 위해 자막으로 소리의 변화를 보여 주는 영상 콘텐츠를 제작한다.
③ 임산부와 배 속의 아기를 보호하기 위해 대중교통의 일부 좌석을 임산부 배려석으로 만든다.
④ 유치원과 초등학교 주변의 횡단보도 대기 공간을 노란색으로 칠해 둔다.

23

● 사회
[인권] 나도 초상권이 있어요

🟡 이미지 독해 퀴즈

유엔 아동 권리 협약 포스터예요. 어린이의 기본 권리 54개 조항을 보여 주죠. 다음 빈칸에 알맞은 말을 넣어 보세요.

1. 모든 어린이는 _____으로부터 _____ 받을 권리가 있어요.

2. 모든 어린이는 _____ 받을 권리가 있어요.

지식 독해 퀴즈

3. 수도권의 특징으로 알맞지 않은 것은 무엇인가요? [   ]

   ① 회사, 공장 등 일자리가 많다.
   ② 대학교, 병원, 문화 시설 등이 집중되어 있다.
   ③ 각 지역을 잇는 교통이 발달되어 있다.
   ④ 인구가 조금씩 줄어들고 있다.

4. 수도권에서 흔히 겪는 일로, 차가 너무 많아서 밀리는 현상을 무엇이라고 하나요?

            ㄱ   ㅌ   ㅊ   ㅈ

5. 지방 소도시나 시골에 사는 사람이 점점 줄어들어 결국에는 지방에 사람이 거의 살지 않게 되는 것을 뜻하는 말은 무엇일까요?

        ㅈ   ㅂ   ㅅ   ㅁ

6. 슈퍼마켓이나 편의점 등이 너무 멀리 있어서 과일, 우유, 고기 등 신선한 음식을 구하기 어려운 지역을 뜻하는 말은 무엇일까요?

        ㅅ   ㅍ   ㅅ   ㅁ

내가 만드는 퀴즈

●사회
[수도권 집중] 대한민국에는 서울만 있나요?

🔵 이미지 독해 퀴즈

1. 위 그림과 같이 우리나라를 표현한 친구는 어디 살고 있을지 추측해 보세요.

   ....

2. 많은 사람들이 서울로 몰리면서 서울 주변 지역까지 커다란 도시권을 형성하게 됐어요. 이걸 무엇이라고 부를까요? (힌트: 서울은 우리나라의 수도예요.)

   ....

지식 독해 퀴즈

3. 태어나는 아기의 수가 점점 줄어드는 현상을 무엇이라고 하나요?

_____

4. 전체 인구에서 노인이 차지하는 비율이 높은 현상을 무엇이라고 하나요?

ㄱ ㄹ ㅎ

_____

5. 아이를 낳으면 일정 기간 직장에 가지 않고 아이를 돌볼 수 있도록 만든 제도를 무엇이라고 하나요?

ㅇ ㅇ   ㅎ ㅈ

_____

내가 만드는 퀴즈

6. 저출생을 극복하기 위한 방법에 해당하지 않는 것은 무엇인가요? [   ]

① 아이를 낳는 가정에 도움이 되도록 돈을 지원한다.
② 국공립 어린이집, 24시간 아이 돌봄 센터 등을 만들어 부모의 양육 부담을 덜어 준다.
③ 할머니, 할아버지 들을 위한 노인 유치원을 만든다.
④ 아기를 많이 낳는 가정에 세금을 줄여 준다.

● 사회
[저출생] 유아차 대신 개모차

🔵 **이미지 독해 퀴즈**

1. 강아지가 편안하게 가만 앉아서 길을 가네요. 강아지가 탄 개모차는 원래 누구를 위해 만들어진 걸까요?

   ....

2. 반려견이 개모차를 타고 다니는 모습은 주변에서 흔히 볼 수 있어요. 개모차가 유아차보다 더 많이 팔린다고도 하네요. 그 이유는 무엇일까요?

   .... 은 줄어들고 .... 수가 늘었기 때문에

지식 독해 퀴즈

3. 우리나라에서 가장 많은 가족 구성 형태는 다음 두 가지 중 무엇일지 O 표시해 보세요.

　　1인 가구　　　　4인 가구

내가 만드는 퀴즈

4. 빈칸에 들어갈 말은 무엇일까요?

　ㅂ ㅊ ㅈ 은 꾸준히 늘어나고 있는 가족 형태 중 하나로, 연인이나 친구 등 지인과 함께 사는 걸 말해요.

5. 아래의 설명 중 틀린 것은 무엇인가요? (　　)

① 우리나라 법에서는 혼인, 혈연, 입양으로 맺어진 관계만 가족으로 인정한다.
② 우리나라 법에서는 같이 사는 친구와 연인도 가족으로 인정한다.
③ 가족의 모습은 시대에 따라 다양해질 수 있다.
④ 호주, 스웨덴 등 다른 나라에서는 결혼하지 않아도 법적 가족으로 인정해 주고 있다.

6. 1~2인 가구가 늘어나면서 생긴 변화들이에요. 빈칸에 알맞은 말을 적어 보세요.

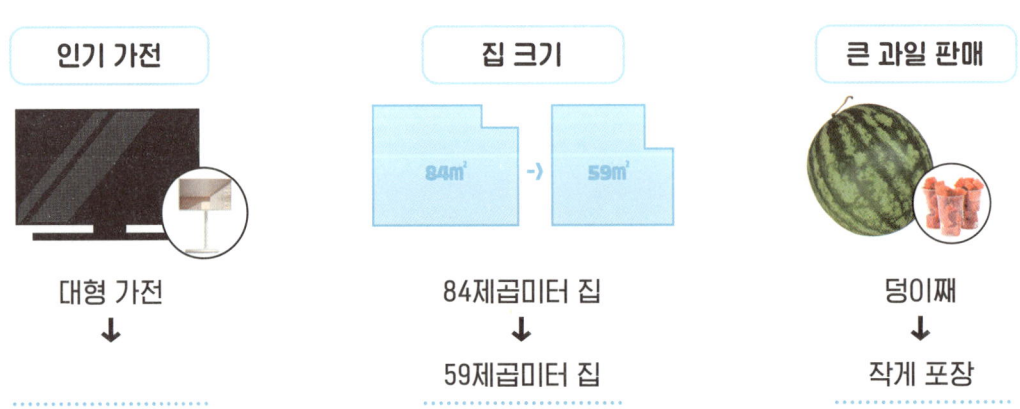

인기 가전: 대형 가전 → 　　　　
집 크기: 84제곱미터 집 → 59제곱미터 집
큰 과일 판매: 덩이째 → 작게 포장

● 사회
[가족] 정상 가족은 없어요!

🟡 이미지 독해 퀴즈

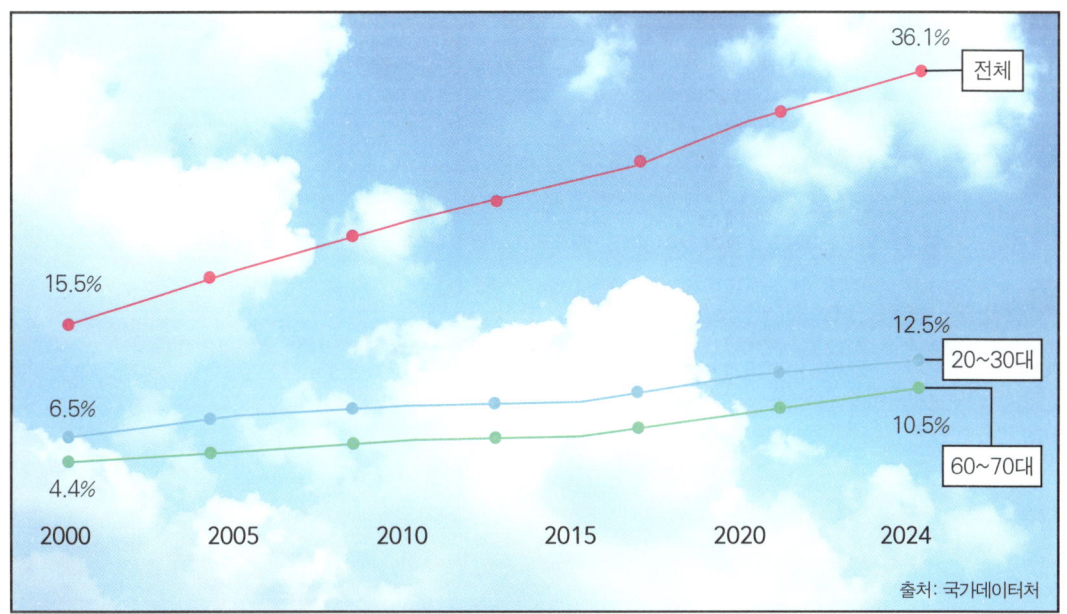

출처: 국가데이터처

1. 위 그래프는 우리나라 1인 가구를 나타낸 통계예요. 그래프를 보고 아래에 그 수를 적어 주세요.

2000년 1인 가구: _____ 퍼센트 ➔ 100가구 중 _____ 가구

2024년 1인 가구: _____ 퍼센트 ➔ 100가구 중 _____ 가구

2. 2024년 1인 가구 중 가장 많은 연령대는 어디일까요? 그래프를 보고 아래 빈칸을 채우면서 생각해 보세요.

2024년 1인 가구가 100가구 중 _____ 가구인데,

여기서 20~30대가 _____ 가구, 50~60대가 _____ 가구로 가장 많아요.

지식 독해 퀴즈

3. 내보내는 탄소와 흡수하는 탄소의 양을 같게 만들어서 탄소 배출량을 0으로 만드는 것을 무엇이라고 하나요?

   ....

내가 만드는 퀴즈

4. 2024년 파리 올림픽에서는 탄소 배출을 줄이기 위해 다양한 노력을 했어요. 아래의 설명 중 맞는 것엔 O, 틀린 것엔 X 표시를 해 주세요.

   ① 새 경기장을 많이 짓는 대신 원래 있던 경기장을 사용했다. (   )
   ② 선수촌의 침대 프레임을 골판지로 만들었다. (   )
   ③ 에어컨과 선풍기 중 한 가지만 사용하게 했다. (   )

5. 빈칸에 들어갈 말은 무엇일까요?

   햇빛, 바람, 물 같은 자연의 힘으로 만들어진 에너지를   ㅈ ㅅ   ㅇ ㄴ ㅈ   라고 불러요.

6. 기업들은 물건을 만들 때 정해진 양을 넘어서는 탄소를 배출하면 안 돼요. 만약 정해진 양보다 탄소를 많이 배출하면 그만큼 돈을 주고 사야 하는 것은 무엇인가요?

   ㅌ ㅅ   ㅂ ㅊ ㄱ

● 환경
[탄소 중립] 2024 파리 올림픽에서 고기반찬이 사라졌다?

> 이미지 독해 퀴즈

1. 2024년 파리 올림픽 선수촌 식당에서는 이 음식을 보기 힘들었어요. 위의 이미지에서 외계인이 끌고 나가는 것이기도 하지요. 이건 무엇일까요?

   ....

2. 위 음식은 탄소 배출을 줄이는 식단이래요. 무슨 식단일까요?

   .... 식단

지식 독해 퀴즈

3. 동물, 식물, 곤충, 미생물 등 다양한 생물이 함께 어우러져 살아가는 것을 무엇이라고 하나요?

....

4. 모리셔스섬에 살던 도도새가 사람에 의해 멸종된 후 섬에 있던 도도나무도 점점 줄어들었어요. 그 이유는 무엇일까요? [   ]

① 도도새가 없으니, 도도나무도 더 이상 번식할 수 없게 되었기 때문에
② 도도나무는 불길한 나무라고 여겨져 사람들이 베어 없앴기 때문에
③ 도도새가 멸종되면서 모리셔스섬에 쓰레기가 늘어났기 때문에
④ 도도새 기념관을 만들기 위해 도도나무를 베었기 때문에

5. 빈칸에 들어갈 말은 무엇일까요?

자외선 차단제에 들어 있는 성분(옥시벤존, 옥티노세이트)이 많은 해양 생물이 모여 사는 .... 를 말라 죽게 해요.

내가 만드는 퀴즈

6. 아래의 설명 중 맞는 것엔 O, 틀린 것엔 X 표시를 해 주세요.

① 도시를 개발하면서 자연을 망가뜨려서 야생 동물들이 살 곳을 잃었다. [   ]
② 한 생물이 사라지면 다른 생물도 영향을 받아 위기에 처할 수 있다. [   ]
③ 야생 동물은 전염병을 많이 퍼뜨리므로 개체 수를 줄여야 한다. [   ]

● 환경

[생물 다양성] 천연기념물 수달, 교통사고로 사망하다!

이미지 독해 퀴즈

1. 수달이 위험해요! 수달은 왜 이렇게 위험하게 다니는 걸까요? 빈칸을 채워 그 이유를 정리해 보세요.

   _____를 만들기 위해 _____을 개발하면서 갈 곳을 잃어서

2. 수달은 그 수가 크게 줄어서 멸종 위기에 몰렸어요. 그래서 국가에서는 수달을 법으로 보호하게 됐죠. 이렇게 법으로 보호하는 동물을 무엇이라고 부를까요?

   ㅊ ㅇ ㄱ ㄴ ㅁ

> 지식 독해 퀴즈

3. 기후 변화로 인해 바닷물의 높이가 높아지는 현상을 무엇이라고 하나요?

> 내가 만드는 퀴즈

4. 해안가에 있는 나라나 섬나라들은 해수면이 올라가며 점점 국토가 줄어들고 있어요. 이와 같은 이유로 삶의 터전을 잃게 된 사람들을 무엇이라고 부를까요?

ㄱ ㅎ ㄴ ㅁ

5. 아래의 설명 중 틀린 것은 무엇인가요? (   )

① 남극 주변의 빙하들이 녹으면 지구의 해수면이 높아진다.
② 우리나라 해수면은 지난 30년 동안 큰 변화 없이 일정하게 유지되었다.
③ 해수면이 높아져서 바닷물이 육지로 스며들면 나무가 소금물을 먹어서 썩거나 말라 죽는다.
④ 태평양의 작은 섬나라 투발루는 해수면이 상승하면서 나라 전체가 물에 잠길 위기에 놓였다.

6. 해수면이 점점 높아지고 있는 이유를 두 가지 고르세요. (,   )

① 빙하가 점점 많아지고 있기 때문에
② 빙하가 빠른 속도로 녹으면서 바다에 많은 물을 더하고 있기 때문에
③ 바닷물이 따뜻해지면서 바다의 부피가 커졌기 때문에
④ 바닷물이 차가워지면서 바다의 부피가 커졌기 때문에

● 환경
[해수면 상승] 이 빙하가 녹으면 지구는 끝이라고요?

🟢 이미지 독해 퀴즈

1. 하늘에서 찍은 남극 사진에 그림을 덧대어 표현한 그림이에요. 여기서 외계인이 등으로 애써 막고 있는 것은 무엇일까요?

　　　　　　ㅅ ㅇ ㅇ ㅊ　　빙하
　　　　　_____

2. 1번 문제에서 말한 빙하는 남극의 주변 빙하들이 녹아서 흘러내리지 않게 해요. 그래서 비유적으로 아래와 같은 말로도 불리죠. 빈칸에 들어갈 단어는 무엇일까요? 이 단어는 병 입구를 막는 물건을 뜻하기도 해요.

　　　　　　남극 빙하의
　　　　　　　　　　　_____

지식 독해 퀴즈

3. 최근 들어 폭염이 심해진 이유는 무엇인가요?

사람들이 배출한 ㅇㅅㄱㅅ 로 인해 지구 표면의 기온이 점점 높아지고 있기 때문이에요.

4. 폭염으로 인해 생긴 피해가 아닌 것은 무엇인가요? (   )

① 온열 질환으로 사망하는 사람이 나왔다.
② 돼지, 닭 등의 가축이 급격히 더워진 날씨에 적응하지 못하고 폐사했다.
③ 밤에는 기온이 뚝 떨어져서 감기에 걸리는 사람이 늘어났다.
④ 차가운 물에 사는 오징어, 명태 같은 물고기의 어획량이 감소했다.

5. 햄버거 가게에서 '토마토 없는 토마토 버거'를 판매하게 된 이유는 무엇인가요? (   )

① 폭염으로 토마토 수확량이 줄어들어서
② 폭염으로 토마토 수확량이 늘어나서
③ 토마토를 원하지 않는 소비자가 늘어나서
④ 토마토에 농약이 너무 많이 들어 있어서

내가 만드는 퀴즈

6. 폭염을 이겨 내기 위해 등장한 것이 아닌 것은 무엇인가요? (   )

① 폭염 재난 문자
② 쿨링 포그
③ 휴대용 선풍기
④ 방한모자

● 환경

[폭염] 최고로 더웠던 올해 여름이 가장 시원한 여름일 거라고?

○ 이미지 독해 퀴즈

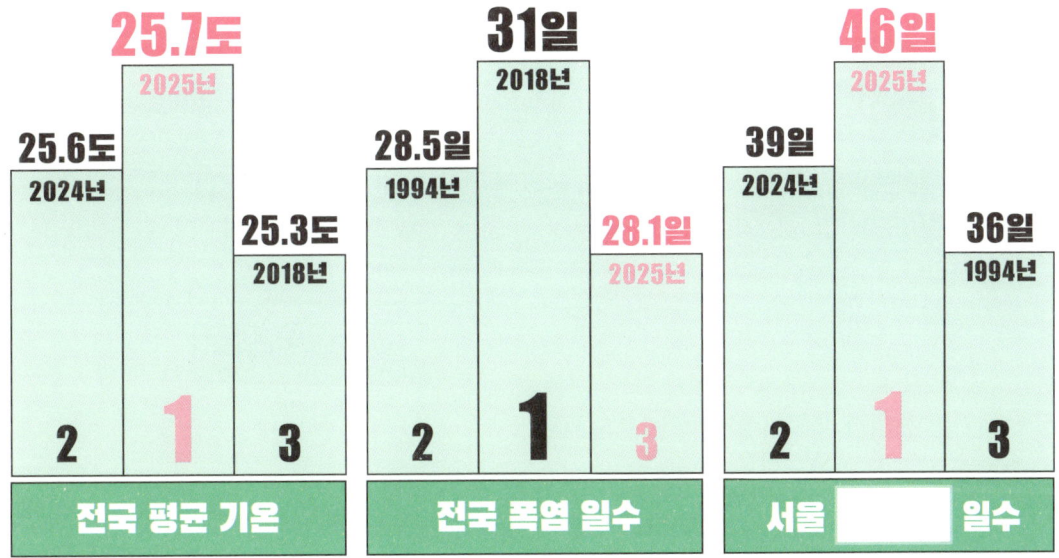

1. 우리나라의 더위 기록 1~3위를 보여 주는 그림이에요. 맨 오른쪽 그림 제목의 빈칸에는 어떤 단어가 들어갈까요? 이 단어는 밤 최저 기온이 25도가 넘는 날의 수를 뜻해요.

2. 이 그림에서 가장 많이 등장한 해는 몇 년도일까요?

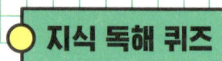

3. 이산화 탄소나 메테인 같은 온실가스가 많이 나와 지구의 온도가 점점 올라가는 현상을 무엇이라고 하나요?

ㄱ ㅎ   ㅂ ㅎ

4. 지구에 버려지는 쓰레기에 관한 설명으로 틀린 것은 무엇인가요? (   )

① 우리가 의류 수거함에 버린 헌 옷은 대부분 재활용되지 못한 채 쌓여 가고 있다.
② 지구에는 약 80억 명의 사람이 살고 있지만, 만들어지는 음식은 그보다 적어서 굶주리는 사람이 생길 수밖에 없다.
③ 미세 플라스틱은 물, 음식, 공기를 통해 우리 몸에 흡수되어 몸속에 쌓인다.
④ 한 사람이 일주일 동안 먹는 미세 플라스틱의 양은 신용 카드 한 장과 비슷한 수준이라고 밝혀졌다.

5. 쓰레기를 최대한 줄여서 환경을 보호하고자 하는 운동을 무엇이라고 하나요?

6. 쓰레기를 줄이기 위한 생활 방법을 R로 시작하는 다섯 개의 단어로 나타낸 것을 '5R 운동'이라고 해요. 다음 중 5R 운동에 해당하지 않는 것은 무엇일까요? (   )

① 거절하기 (Rufuse)
② 줄이기 (Reduce)
③ 썩히기 (Rot)
④ 예약하기 (Reserve)

7

● 환경
[쓰레기] 요즘 생긴 거대한 산이 있대요!

이미지 독해 퀴즈

1. 헌 옷이 무더기로 쌓여 있는 이 모습을 비유적으로 뭐라고 표현할까요?

   ....

2. 이 헌 옷들은 오랫동안 쌓여 있으면 어떤 문제를 일으킬까요?
   다음 빈칸을 채워 주세요.

   .... 과 .... 을 오염시켜요.

'나만의 통계'를 내 봐요.
(환경, 사회, 경제, 라이프, 문화, 과학 기술 중…)

퀴즈 1등!!

별점 1등!!

퀴즈 맞힌 개수가 가장 많이 나온 분야를 적어 봐요.

평균 별점이 가장 높은 분야를 적어 봐요.

분야	주제	본책 읽은 날	워크북 푼 날	퀴즈 맞힌 수 (각 6개 만점)	별점
라이프	식생활	월 일	월 일	개	☆☆☆☆☆
	신체 건강	월 일	월 일	개	☆☆☆☆☆
	마음 건강	월 일	월 일	개	☆☆☆☆☆
	여행	월 일	월 일	개	☆☆☆☆☆
	반려동물	월 일	월 일	개	☆☆☆☆☆
문화	대중문화	월 일	월 일	개	☆☆☆☆☆
	예술	월 일	월 일	개	☆☆☆☆☆
	전통문화	월 일	월 일	개	☆☆☆☆☆
	종교	월 일	월 일	개	☆☆☆☆☆
	스포츠	월 일	월 일	개	☆☆☆☆☆
과학 기술	인공 지능	월 일	월 일	개	☆☆☆☆☆
	로봇 공학	월 일	월 일	개	☆☆☆☆☆
	메타버스	월 일	월 일	개	☆☆☆☆☆
	우주	월 일	월 일	개	☆☆☆☆☆
	생명 공학	월 일	월 일	개	☆☆☆☆☆

나의 독서 활동 기록지

《비문학이 읽히는 최소한의 배경지식》을 읽은 날짜, 워크북을 푼 날짜를 적어 봐요. 그리고 워크북 퀴즈를 몇 개 맞혔는지, 각 주제가 얼마만큼 흥미롭고 유익했는지 별점을 매겨 봐요.

분야	주제	본책 읽은 날	워크북 푼 날	퀴즈 맞힌 수 (각 6개 만점)	별점
환경	쓰레기	월 일	월 일	개	☆☆☆☆☆
환경	폭염	월 일	월 일	개	☆☆☆☆☆
환경	해수면 상승	월 일	월 일	개	☆☆☆☆☆
환경	생물 다양성	월 일	월 일	개	☆☆☆☆☆
환경	탄소 중립	월 일	월 일	개	☆☆☆☆☆
사회	가족	월 일	월 일	개	☆☆☆☆☆
사회	저출생	월 일	월 일	개	☆☆☆☆☆
사회	수도권 집중	월 일	월 일	개	☆☆☆☆☆
사회	인권	월 일	월 일	개	☆☆☆☆☆
사회	정보 격차	월 일	월 일	개	☆☆☆☆☆
경제	희소성	월 일	월 일	개	☆☆☆☆☆
경제	물가	월 일	월 일	개	☆☆☆☆☆
경제	합리적 선택	월 일	월 일	개	☆☆☆☆☆
경제	세금	월 일	월 일	개	☆☆☆☆☆
경제	무역	월 일	월 일	개	☆☆☆☆☆

차 례

워크북 사용 설명서 2
나의 독서 활동 기록지 4

●환경
쓰레기 6 · 폭염 8 · 해수면 상승 10 · 생물 다양성 12 · 탄소 중립 14

●사회
가족 16 · 저출생 18 · 수도권 집중 20 · 인권 22 · 정보 격차 24

●경제
희소성 26 · 물가 28 · 합리적 선택 30 · 세금 32 · 무역 34

●라이프
식생활 36 · 신체 건강 38 · 마음 건강 40 · 여행 42 · 반려동물 44

●문화
대중문화 46 · 예술 48 · 전통문화 50 · 종교 52 · 스포츠 54

●과학 기술
인공 지능 56 · 로봇 공학 58 · 메타버스 60 · 우주 62 · 생명 공학 64

정답 66

워크북 사용 설명서

《비문학이 읽히는 최소한의 배경지식》의 중심 내용을 제대로 읽고 이해할 수 있도록 구성했어요.

1. 이미지 독해 퀴즈
그림이나 사진을 보고 퀴즈를 풀며 배경지식을 읽어 내 봐요.

2. 지식 독해 퀴즈
퀴즈를 풀며 본책에 나온 배경지식의 핵심 내용을 다시 떠올려 봐요.

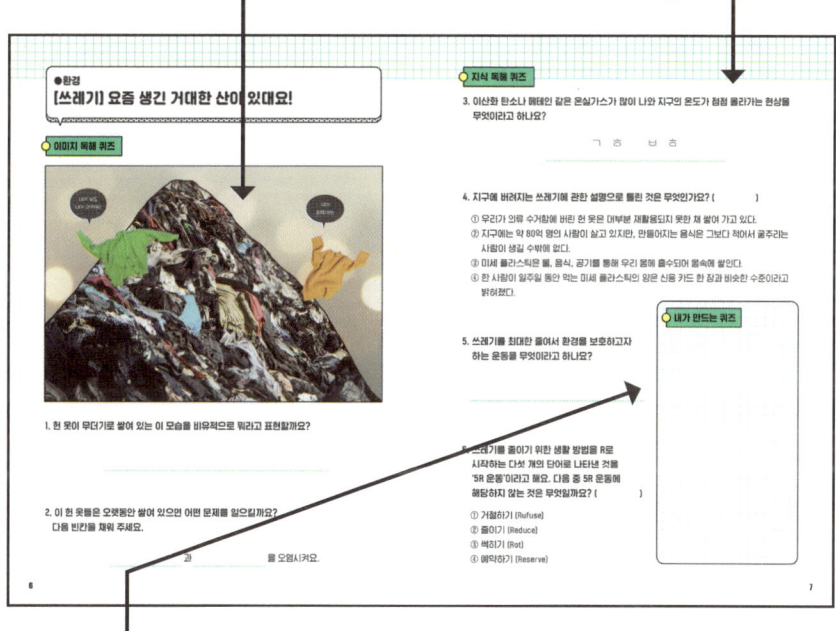

3. 내가 만드는 퀴즈
공부한 주제에 대해 직접 퀴즈를 내어 보는 활동 코너입니다. 이 퀴즈를 친구나 부모님께 맞혀 보게 하면 재미있을 거예요.

4. 독서 활동 기록지
한 장씩 워크북을 풀 때마다 기록을 남겨 봐요. 자신이 흥미로워하는 주제, 더 배우면 좋을 주제가 한눈에 보일 거예요.